世界にひとつだけ。
ドラマチック・ウェディングの叶え方

dramatic wedding

世界にひとつだけ。
ドラマチック・ウェディングの叶え方
dramatic wedding

contents

是安 由香
Yuka Koreyasu

PROFILE

大手アパレル企業にてバイヤー、ヴィジュアル・マーチャンダイザーとして勤務。その後、商品企画、インポート・メンズ買い付けなど「ファッション命!」のトレンディ生活を送る。1996年、夫・是安浩二が興した挙式プロデュース会社(現在のTirtha Bridal／ティルタ・ブライダル)に「助っ人」志願、単身で渡バリ。五つ星ホテルやヴィラでのウェディング・プロデューサーとして活躍。2003年にバリ島初のウェディングリゾートTirtha Uluwatu／ティルタ・ウルワツをオープン。2016年、8ベッドルームを備えたVilla by Tirtha／ヴィラ・バイ・ティルタとGlass House／グラスハウスをリリースし、よりドラマチックなウェディングのプロデュースに取り組む日々

あなたが主役のドラマを…
4

Chapter 1
real wedding story
愛と感謝にあふれた6つの物語
6

Hiroe & Yoshiyuki　Satoko & Philippe　Trasy & Joe
Manami & Hiroyuki　Chihiro & Yoshiaki　Heather & BJ

Chapter 2
cinema wedding
「その日」のインスピレーションは
いつか見た映画から
44

Mamma Mia!『マンマ・ミーア!』
Bridesmaids『ブライズメイズ 史上最悪のウェディングプラン』
In Her Shoes『イン・ハー・シューズ』
My Best Friend's Wedding『ベスト・フレンズ・ウェディング』
Marie Antoinette『マリー・アントワネット』
Sex and the City『セックス・アンド・ザ・シティ[ザ・ムービー]』

Chapter 3
dramatic wedding
素敵なストーリーを形にする
「ドラマチック」の秘訣10
54
a key to success

1.「非日常」な場所を選ぶ。 2. 二人をサポートする「ウェディングパーティ」を立てる。 3. 自由奔放にカラーパレットを作る。
4. 揺るがない「その日」のコンセプトを見つける。 5. ディナーの前にカクテルタイムを。
6. クライマックスはファーストダンスで決めて。 7. ウェディングアイテムはフォトジェニックに。
8. 小道具で表現する今どき感。 9. 心に焼きつくハートウォーミングな演出。 10. フォトツアーで二人の世界観を。

Chapter 4
Yuka & Tirtha biography
世界一素敵な「その日」のためにBALIから愛をこめて
98

あなたが主役のドラマを…

「その日」は、朝方の激しいスコールから始まりました。
昼過ぎには厚い雲は遠のき、パステルブルーの空が広がります。
新たなシャワーが近いことを思わせるレース状の雲がたなびき、
BALIの傾き始めた太陽があたりを照らす午後6時。
セレモニーを終えたばかりの二人と
その友人らが喜びにわくシルエットが目に入りました。
現実とプールが映し出す非現実の狭間で不思議な静寂に包まれ、
時のきざはしに浮かび漂う永遠のようです。
これまでどれほどたくさんの二人がこのブリッジを歩き、
大切な人々とともにこの場所をカメラに納めたことでしょう。
フレームに切り取られたその風景はひとつとして同じものがないこと。
いつもその不思議を想っています。

季節、太陽の傾き、風、湿気…、すべての偶然がつくる奇跡のような風景、
忘れられない「その日」の風景の向こう側には、
たくさんの笑いが、涙が、激しい歓喜が、世界でたったひとつの物語があります。
少しでも多くのそれぞれのドラマをご案内できたら、これほどの喜びはありません。

Yuka Koreyasu
ウェディング・プロデューサー

Chapter 1

Hiroe & Yoshiyuki

Satoko & Philippe

Trasy & Joe

Manami & Hiroyuki

real wedding story
愛と感謝にあふれた6つの物語

Chihiro & Yoshiaki

どのカップルにもドラマがあります。
もう二度と会えない大切な人への想い、
気がつけばいつもそばにいてくれた
家族や友人への深い愛、
すべての出会い、忘れられない出来事は、
キラキラと夜空に美しく輝く星々のよう。
二人の物語が皆の物語になる、
時に激しく、時にしみじみと、
優しく大きな愛を描くドラマになる…
それが大切な「その日」。
あなたの物語も「その日」に向けて
もう始まっているのです。

Heather & BJ

Hiroe & Yoshiyuki

おしゃれな二人の出会いはオフィス。上司と部下の関係でした。
練りに練った「その日」のコンセプトは、自由気ままな「アイランドボーホー」。
自然体でチャーミングで、感性豊かな二人の世界観がそこにあります。

アジアンリゾートのときめきを体いっぱい受け止めて、二人のストーリーが始まる。

シューズ・ラヴァーの二人がひと目で恋に落ちたクリスチャンルブタンの極彩色エスパドリーユ。その鮮やかな色が「その日」のカラーパレットになりました。流行の「Boho(ボーホー=ボヘミアン+ソーホーの造語。自由でナチュラルなファッションスタイルのこと)」をアレンジして「アイランドボーホー」をテーマに設定。

親しい人たちだけが集まった「その日」。アウトドアも共通の趣味という二人は、早朝からビーチやトロピカルな草原へフォトツアーに出かけます。行く先々で祝福のシャワーを浴び、自然体でおしゃれなショットをたくさん撮影。そしてセレモニー。重ねた指先に、握った手のぬくもりに、かわした視線に…、深い愛があふれていました。時ならぬにわか雨にパーティはダイニングルームにて。熱帯を感じさせるプロテア、ランや真っ赤なヒペリカム、ユーカリの葉が熱帯の濃密をテーブルに運んできます。締めくくりには、二人がそれぞれのお父さまに宛てた手紙を朗読。ゲストがそっと涙をぬぐう頃には夜空は澄み渡り、美しい星が輝いて。優しい雨は天国にいる二人のお母さまの贈り物、うれし涙だったのかもしれません。

午後に挙式を控え、早朝の気持ちよいビーチで写真撮影。お馴染みのビーチでのフォトツアーも、コットンの日傘やおしゃれなコーディネートでたちまち二人だけのストーリーに。Hiroeは、挙式とは別に用意したベビードール風のドレス、Yoshiyukiはベストにパンツの裾を折り、素足でリラックス

早朝のホテルでのシーン。コロニアル様式の建物にコットンの日傘がマッチします

早朝のフォトツアーで二人のドラマづくり。
おいしい空気をときめく胸に吸い込んで

Hiroe & Yoshiyuki

1.ピクニックの風景は、アンティークドアとシャンデリアのセットアップで。牛が草を食む素朴な草原が、それだけでもうたちまちドラマの舞台に。2.バンブーのトンネルが二人のムードを完璧にして。3.フォトツアーに出かけようとする二人。BALIのモチーフの美しい扉を開けるシーンは、「これから」を象徴するよう。4.ビーチサイドの木陰でお互いをスケッチ。二人のキャラクターがにじむショット。5.二人の想いをカメラがとらえた瞬間

親しい集まりだからこそ、言葉にする想い。
熱帯の風を、植物たちの匂いを感じる「その日」

Hiroe & Yoshiyuki

1.挙式直前、ブーケとおそろいのヘッドドレスにチェンジ。2.テーマの鍵となった「ルブタンのエスパドリーユ」で。3.熱帯の花プロテアにランを組み合わせたブーケ。4.テーラーに通い詰めて仕立てたスーツにボウタイで。5.8.静かに二人を待つチャペル。6.かわいい甥っ子の先導でチャペルへ向かう花嫁とお父さま。ゲストたちは皆、空&海のブルーを取り入れた装い。7.神妙な面持ちで花嫁を待つ花婿。9.挙式後のフラワーシャワー。10.ディナーテーブルにも熱帯の花が。11.優しい雨が樹々を濡らす夜、ディナーはダイニングルームで。12.愛する人たちとのかけがえのない時間。13.14.最後に、二人はそれぞれのお父さまに宛てた手紙を朗読。15.BALIのガムランの甘美な音色、あでやかなダンサーを独占する贅沢

Satoko & Philippe

出会いは2年前。共通の友人に招かれた香港のビーチパーティでのこと。
パーティの行われる島へ向かう船上、ひと目でSatokoに惹かれたPhilippe。
真っすぐな彼の"Hello"に、応えた"Hi"。それが二人の始まりでした。

絵になる二人のハッピーの素は真摯な「おもてなし」の心。

1.挙式前、ミッドナイトブルーからティールブルーのドレスに身を包んだブライズメイドたちと。「その日」のフラワーはコチョウランでした。2.男性チームも同系色のスーツで。おそろいの濃紺ストライプのボウタイが、陽気なムードを盛り上げます

マーケティング・ディレクターとして超多忙な日々を送っていたPhilippeのプロポーズは、まるで映画のワンシーン！　香港の夜景をバックに、真っ赤なバラとキャンドルを敷き詰めたレストランのルーフトップでした。それから1年、スイスをはじめヨーロッパ各地、USA、香港、シンガポール、そして日本から34名の大切な人たちが、二人のためにBALIに集いました。「その日」、Satokoの美しいデコルテを際立たせるのはマーメイドドレス。ミッドナイトブルーからティールブルー(鴨の羽の色)の装いで統一したブライズメイドにグルームズマン。テーラーメイドスーツのPhilippeは、颯爽としたハンサムぶりです。そして二人のこだわりはデコレーション、ディナー、飲み物、エンターテインメントと細部にまで及びます。それは大切なゲストたちへの、まさに「おもてなし」の気配りにあふれたもの。笑い声が絶えないその夜。シャンデリアでもフェアリーライトでもない真摯な心遣いがきらめき、夢のような夜は続きました。

親しい友人やゲストに見守られて
キラキラ輝く二人の完璧な時間

Satoko & Philippe

1.プールサイドに着席するゲストを見守るPhilippe。2.お支度部屋で友人たちと過ごすかけがえのない時間。3.シックなスーツに遊び心。クレージーカラーのソックスをパチリ。4.コチョウランのブートニアはシャンパンカラーのリボンで。5.海風が心地よい夕刻にセレモニーはスタート。ゲストが見守る中、お父さまと入場。6.ガーデンに用意したコットンの日傘。7.花嫁の前に祭壇に向かうブライズメイドたち。8.サングラスをつけて、颯爽と登場。9.眼前にインド洋が広がり、海風にキャノピーが揺れる午後。10.プールに浮かぶステップから祭壇へ向かう二人。11.ディナーテーブルにはカラフルな花々。12.ナプキンに添えられたランの花もゲストへの心遣い。13.ウェルカムボードにもランを飾って

Satoko & Philippe

愛と笑顔があふれる
いつまでも終わらない夢のような一夜

1.キャンドルの灯の中でのファーストダンス。2.海に沈む太陽をバックに写真撮影。3.ブライズメイドやグルームズマンたちと一緒に着席する「ブライダルテーブル」。4.花火の中、ゲストの祝福に応えて。5.ポラロイドにゲストからのメッセージ。6.3段ケーキにもテーマのコチョウランをたっぷり飾って。7.男性・女性のボーカルを入れての特別編成バンド。8.すっかり日が沈む前、フェアリーライトが照らし出すディナーテーブル。9.LEDバルーンをリリース。夜空に漂い、ふんわりとした優しい光を放つ様子は、新しい夜のエンターテインメント。10.スーパー素敵なPhilippeママと談笑中。この夜、Satokoの次に輝いていたのが彼女。11.新しい家族になった喜びに、大きな笑顔がこぼれて

Trasy & Joe

愛されキャラの二人だからこそ、結婚式もとびきりハートフル。
お互いへの愛、家族への愛、友人への愛…見えない絆がカタチになった「その日」。
その場にいる誰もが二人の未来の幸せを確信できた、記念の日になりました。

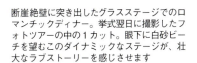

断崖絶壁に突き出したグラスステージでのロマンチックディナー。挙式翌日に撮影したフォトツアーの中の1カット。眼下に白砂ビーチを望むこのダイナミックなステージが、壮大なラブストーリーを感じさせます

エモーションそのままに
泣いて笑ってゲストと楽しむ
愛に満ちたウェディング！

陽気でおちゃめなスキンヘッドのJoeは、人への気遣いを忘れない心優しいアメリカン。自由奔放でいつも自然体のマカオ娘Trasyに夢中です。香港に住む二人が愛を誓う場所に選んだのも、ここBALI。プライベート感あふれるウェディングを求めてのことでした。
「その日」、Trasyが身を包むのは幾重にもなるオーガンジーのスカートがロマンチックなヴェラ・ウォンのドレス。自信に満ちあふれ、凛とした艶姿、チャペルの祭壇で待つJoe、そこへ向かって真っすぐに歩き出すTrasy。その女っぷり、ハンサムぶりに、女性ゲストからも感嘆の声が漏れます。前日二人は「最初に泣き出したほうが負け」という賭けを思いつきました。どちらが先に涙に濡れたか…、結果はご想像通り、お伝えするまでもありません。
カラーパレットは淡いピンクにシャンパンゴールド、ブルーグレーでロマンチックかつ楽しさいっぱい。なんてったってテーマは"The Love Birds"ですから。パラソルや無数のフェアリーライトが夜空に浮かび、二人の愛のように夜空を照らしたのでした。

Trasy & Joe

一生に一度の特別な日だからこそ 照れずにお互いの想いを伝えて

1.フォトツアーの写真撮影。木漏れ日の中、マリーゴールドの花でドレスアップしたワーゲンとともに。手描きのサイネージは未来への旅立ちにふさわしく"Our Journey Together Begins Here"。2.カラフルな傘が、南国アイランドの色を映して。3.次の撮影を待つTrasy。光の中で、ふんわりと夢見るようなドレスの質感。4.日本の番傘を思わせるエキゾチックな傘を、白いコチョウランで華やかに飾って。5.お約束のペアチェア。6.挙式当日、お支度部屋にて。挙式前の緊張と高揚を伝えるショット。7.ブライズメイドたちとともに、ゲストを迎える用意の整ったレセプションにて。Trasyは深紅のレースのチャイニーズドレス。チャイニーズ伝統のティーセレモニーのための装いです。8.挙式前にナーバスになる花婿を、シャンパンでチアアップするグルームズマンの面々

大好きな人たちと一緒に思いきり楽しむ、
泣きたいくらいに幸せな一日

Trasy & Joe

1.ブラッシュピンクでドレスアップしたチャペル。The Love Birdsのテーマに沿って、鳥かご風のランタンで花々をアレンジ。2.チャイニーズ伝統のティーセレモニーにて。互いの文化や伝統への理解とリスペクトが感じられて素敵。3.涙あり笑いありの挙式の緊張から解放されて。4.宴もたけなわ、Trasyが独身女子たちに向けてブーケを放った瞬間。ブーケトスもパーティームードを盛り上げるエンターテインメント！ 5.みごとなサンセットの光に満たされる会場、シルエットになった彼らはいたずら好き。6.パーティの最中、席に戻ろうとするTrasyを抱き上げるJoe。7.プールに浮かぶステージで、明るいノリのファーストダンス。ダンスがクライマックスに近づいた瞬間、打ち上げ花火が会場を照らして

Manami & Hiroyuki

世界各地から集う70名のゲストをおもてなしするために、そして誓いの日を一生忘れない日にするために、長い時間をかけてプランニングしたウェディング。二人の生きてきた軌跡と同じように、スマートかつ濃厚な一日です。

アジアンテイストを巧みに取り入れた洗練の空間で。

1.インドネシア伝統のクバヤ&サロンで装うブライズメイドたちと。2.女子とは別のお支度部屋にて、トランプゲームで緊張をほぐす男性陣。3.お母さまとともにゲストが待つチャペルへ向かうHiroyuki。4.9.お父さまのエスコートで歩くManamiの前を、ブライズメイドとグルームズマンがペアになって先導。5.ゲストを迎えるウェルカムボード。6.7.ブーケ、ブートニアはホワイト&ピンクのローズで統一。8.イヤリングは友人からの贈り物。温かいメッセージとともに

樹々の緑がことさら深く、鮮やかな花々が咲き誇る11月のBALI。この時季特有の濃密な空気が立ちこめる中、ManamiとHiroyukiの「その日」のため、世界各地から70名近いゲストが集合。ゲストのプロファイルは、Manamiが通ったインターナショナルスクールや大学時代を過ごした東京、今やモバイルネットワーク会社のCOOとして采配を振るシンガポール、Hiroyukiのルーツであるインドネシア、留学先のオーストラリア、そしてもうひとつの故郷である日本…、ときわめて国際的。豊かで深い、そしてドラマチックな二人の歴史そのものです。

愛する家族が身を包んだのは、インドネシアの民族衣装クバヤのモチーフである色鮮やかなレース。ブライズメイドはクバヤにサロン、グルームズマンはバティックのシャツ。それらは熱帯の空、陽光の烈しさ、植物の競演を映して華やぎます。二人の人生を高らかに祝い、未来にエールを送る宴は夜遅くまで続きました。

Manami & Hiroyuki

優しい光の中で愛を誓い合う
感動のチャペルウェディング

1.チャペルのデコレーションはグリーンの濃淡、淡いピンク、オフホワイトの組み合わせ。ブライズメイドやグルームズマンの衣装の色合いを取り入れたその色彩は、南国の空やインド洋のブルーにきらめくプリズムのようでした。2.セレモニーが始まり、祭壇に立つ二人の後ろ姿。3.Manamiのはにかんだ表情がキュートなショット。4.賛美歌斉唱。皆で歌うことの厳かさ、その喜び。5.牧師の言葉に耳を傾ける二人。自然に重ね合う二人の手には信頼と決意が。6.大勢のゲストの祝福を受け、再び祭壇へ。7.生演奏をBGMに。8.誓いのキスをかわす二人。9.ガーデンにセットアップされたディナーテーブルは、サンセットの陽光を浴び、これから始まるパーティを静かに待っています

両家がいっそう近づく「その日」のパーティ。
一生心に残る楽しい時間を共有して

1.日が沈んでもなお海がバラ色に染まっていくパノラマ。2.パーティの入場。セレモニーとは打って変わりリラックスムードのManami。3.グルーヴ感を高めるバンド。音楽にこだわりのある二人の綿密な打ち合わせの結晶です。4.双方の家族が一緒にダンスをして、喜びを分かち合う時間。5.ゲストが見守る中でファーストダンス。6.パーティのクライマックス、打ち上げ花火。7.賑やかな会場の中、静寂が二人を包みます。8.ファイヤーダンスのパフォーマンスは、人気のエンターテインメント。闇に浮かび上がる光のラインが躍動的

Manami & Hiroyuki

大自然に抱かれ、
静かな優しさに満ちた
ロマンチックウェディング。

花嫁Chihiroが小さい頃から夢見ていたのは、海外でのウェディング。Yoshiakiのプロポーズに、その秘めた憧れを初めて伝えました。長旅が難しい療養中のYoshiakiのお父さま、そばで支えるお母さまの快く送り出してくれた温かさ、背中を押してくれたYoshiakiの優しさに感謝の気持ちを伝えたい、そしてたくさんの「記憶」「素敵」を残して皆に見てもらいたい。それがChihiroが大切にした想いです。
Yoshiakiのスリーピースは、BALIの空と海、鮮やかな花々の色を思い描きつつ二人で決めたもの。それがそのままカラーパレットになりました。エントランスには幼い頃の二人、それぞれの家族や今まで出会った人々、訪れた場所など、優しさに包まれた写真の数々が飾られ、大切なゲストを迎えます。「その日」、皆と過ごしたかけがえのない時間とともに、海に浮かんだ美しい夕日。それはまるで愛に満ちた二人への贈り物のようでした。

Chihiro & Yoshiaki

静かだけれど温かい想いがこぼれ落ちそうなまなざし。
それを映し出す優しいブルートーンのカラーパレット。
二人のウェディングは、感謝を伝える方法はいくつでもあると教えてくれます。

挙式後の写真撮影ではピクニックシーンも。
南の島を包むスカイブルーとインド洋の碧、
夜の闇のミッドナイトブルーをちりばめて

非日常の世界で素敵なフォトセッション。
それも海外ウェディングの醍醐味

Chihiro & Yoshiaki

1.挙式後のツーショット。ガーデンを照らすシャンデリアの光がきらめき始め、海と空はブルーの名残を感じさせる時刻に。2.海に向かうブリッジで、二人を包むのはただただ大きなブルー。Chihiroのドレス、オーバーサイズのバルーンにつけたブルーのタッセル、Yoshiakiのスモーキーブルーのスーツが大空に溶けていきます。3.断崖から見下ろすインド洋をバックに。4.ブルーとグレーの組み合わせが似合うのは、おしゃれ上級者。5.「その日」のテーマカラーのひとつ、淡いブルーでドレスアップしたブライズメイドたちとChihiro。6.二人のシューズも写真に残して。7.セレモニーの前、緊張の面持ち。8.プラムピンクをアクセントにしたウェルカムボード

1. お父さまと一緒に、入場の時を待つ花嫁。お父さまのブルーのシャツ、スモーキーブルーのモカシンに注目。2. フラワーシャワーの中、二人の笑顔がはじけます。3. 白いバラの花びらに薄いブルーのアジサイを敷いたヴァージンロード。海に向かって溶けていくよう。4. セレモニーの終盤、ゲストからの祝福に涙するChihiro。Yoshiakiの目元も潤んで。5. 結婚証明書に署名した直後の二人に安堵感が漂います

気品あるカラーパレットは二人の心を映す鏡のよう…

Chihiro & Yoshiaki

6.ブルーのタイダイ染めでおめかししたディナーテーブル。7.キャンドルがシャンパンを照らし、蜂蜜のようなとろりとした光がテーブル全体に。8.10.スイーツバーにはロリポップやマカロン、カップケーキをテーマカラーで。9.愛しい瞬間が吊るされたツリーはChihiroのこだわり。11.奥のガーデンには友人たち。その装いがブルーの光のようにあちらこちらに溶けていきます

Heather & BJ

フォトジェニックな二人が織り成す「その日」のドラマ。
それは、いつか見た映画のように何もかもがロマンチック。
ウェディングパーティと過ごすパーフェクトなシーンをお手本に!

まるで映画のワンシーン!
友人たちが支える
スタイリッシュな一日。

ドライシーズンに入ってもなお雨模様が続いた、4月のBALI。Heather&BJの「その日」は、パーフェクトなアイランド晴れ、海風も涼やかな心地よい午後になりました。アイボリーのバラにカラーのブーケを携えるHeather。4人のブライズメイドはゆるめのポニーテールにコチョウランを飾ってドレスアップ。Heatherの瞳の色を思い起こさせるベビーブルーのドレスで装い、南国の午後の日射しに魔法のオーラを放っていました。一方、生成りのスーツにスニーカー、白いシャツにノーネクタイのBJとグルームズマンたち。ブロンドのロングヘアをなびかせるBJときたら余裕そのものです。

日が傾く少し前に始まったセレモニー、祭壇で待つBJ、歩き出すHeatherを見守る目は優しく歓喜と愛にあふれ、会場はたちまちのうちに幸福感に満されたのでした。バラ色に染まるインド洋をバックグラウンドに、フェアリーライトがきらめく日暮れ時。魔法の時間は皆を虜にし、パーティは夜更けまで続きました。

1.ヘアメイクを終えたHeather。2.二人のチェックインを待つドレスとスーツ。3.BJはノータイでさらりとスーツを着こなして。真っ白なデッキシューズもこなれています。4.シルバー刺繍が素敵なシューズ。5.ブライズメイドの面々はおそろいのガウンがチャーミング。6.最後のグルーミングに余念のないBJ。7.ベビーブルーのドレスが晴れやかな光を映して爽やか。8.男性陣も集合! 生成りのスーツにホワイトシャツ。かすかな光沢が上品

Heather & BJ

静かな緊張感をたたえ、そして解けていく…。
清々しいチャペルでのセレモニー

1.お父さまと祭壇に向かうHeather。2.立会人の"You may kiss the bride."の言葉を待ちかねていた二人。3.友人たちが証明書にサイン。4.挙式前の胸キュンシーンは、ゲストの視線に気後れするフラワーガール。5.バラのシャワーで二人を祝福！　6.ウェルカムボードにみずみずしい緑を飾って。7.次々にチャペルへ向かうゲストたち。皆これから始まるドラマの予感にわき立って

フェアリーライトとキャンドルに癒されて。
ロマンチックな夜は止まらない

Heather & BJ

1.フェアリーライトきらめく頃、ブリッジを歩く二人。2.パーティの始まり、二人からの温かい言葉に拍手が。3.バナナトランク（幹皮）とプルメリアのキャンドルにうっとり。4.ブライズメイドとグルームズマン、二人が着席するテーブル。5.メイン料理は子羊。6.スピーチを終えて落ち着いた様子。7.Heatherの手を取りステージに向かったBJ。ファーストダンスの始まり！

Chapter 2

cinema wedding

「その日」のインスピレーションはいつか見た映画から

胸がキュンとなってため息が出るような素敵なウェディング。
それはいつか見た映画のあのイメージだった…ということは多いものです。
例えば、名作『卒業(The Graduate)』。花嫁を奪って二人で走り去るシーンは
若さや感傷を伴い、映画好きの心に深く刻まれました。
『ラブ・アクチュアリー(Love Actually)』では
ジュリエットとピーターのセレモニーでのサプライズに幸せを感じ、
『ジョー・ブラックをよろしく(Meet Joe Black)』のエンディングでは
花火が夜空を明るく染める静かな数分間が、切なく胸に響いていましたっけ。
人の心を熱くする映画には、時代が移り変わっても色褪せないドラマがあります。
そんなふうに、映画みたいなウェディングのお手伝いをするのが私たち。
「その日」、あなただけのドラマをつくってみませんか？

南の島の烈しい陽光は、巨大なチャペルのスクリーンを通し、乳白色の優しい光となってフロアに溶けていくよう。祭壇の向こうには空と海のブルーが広がり、フューシャピンクのブーゲンビリアとグリーンが目に飛び込んできます。たわわに咲くコチョウランも同じピンクでコーディネート

『マンマ・ミーア！』
DVD発売中：1429円＋税
発売元：NBCユニバーサル・エンターテイメント

世界中でロングランとなった傑作ミュージカルの映画版。伝説のポップグループABBAのヒット曲にのせて綴られるミュージカルコメディです。エーゲ海に浮かぶリゾートアイランドを舞台に、結婚式を目前に控えた娘とその母親をめぐる24時間の騒動。目の覚めるような美しい風景と、世にもハッピーなウェディングシーンが心に残る作品

底抜けに明るいハッピーウェディングのお手本。
アイランドスタイルの定番です。

Mamma Mia!
『マンマ・ミーア！』

　エーゲ海の紺碧と地中海の陽光、斜面に点在するキュートな家々の白壁、ブーゲンビリアのフューシャピンクのまぶしさ。あの小さな島の風景がただただ美しく、陽気なABBAの歌とともに記憶に残る映画です。「カロカイリ島」という架空の名前で登場する島は、自由で開放的なウェディングにぴったりのロケーション。主人公は20歳の花嫁ソフィ。物語の主軸とも言える結婚式のシーンは、それはそれは見応えたっぷりです。ふんわりナチュラルに下ろした髪に花冠、走ったら風になびくふわふわのヴェール…。ソフィの着飾らないドレス姿があまりにもチャーミングで、一度この映画を見たら憧れ続ける花嫁も多いに違いありません。

　ここBALIはインド洋に浮かぶ島ですが、同じくブーゲンビリアが咲き誇るリゾートアイランド。この島で愛を誓うと心に決めた花嫁たちの笑顔を願うとき、『マンマ・ミーア！』の世界観を再現してあげたいと思うのも当然のこと。

　クリスピーなリネンのドレスが優しい海風にたゆたう「その日」、昇り傾いていく陽光を受けて黄金色にきらめくさざ波、心地よく頬をなでる風…。映画の中だけではなく、まさに完全無欠のアイランドスタイルがここにあります。

●P.45〜53のDVDおよびBlu-rayの商品情報は2016年6月現在のものです。

1.レースがクラシカルなワンショルダーのドレス。ブーゲンビリアが覗くパリマナンストーンの壁をバックに。2.インド洋の明るい碧に映える真っ白なコットンのキャノピー。ピンクの花でおめかししました。3.ランタンからあふれるフューシャピンクのバンダの花。飾りすぎない優雅さが魅力

テーマをとことん追求する
パーティの極意はこの映画から。

Bridesmaids
『ブライズメイズ 史上最悪のウェディングプラン』

『ブライズメイズ
史上最悪のウェディングプラン』
DVD発売中：1429円＋税
発売元：NBCユニバーサル・
エンターテイメント

これまでありそうでなかったブライ
ズメイドたちのお話。彼女らが巻き
起こす騒動を描いた、まだ記憶に新
しい映画。全米で興行収入1億ドル
を突破するヒットとなったコメディ
です。笑撃シーンやシリアスシーン
をちりばめつつ、最後は愛や友情に
胸を熱くさせてくれるというアメリ
カンコメディのお約束を堪能！

海を見下ろすガーデン。真っ白な
リネンと芝生のグリーンがまぶし
く映える午後。頭上にはピンクと
ホワイトのタッセルが、光のプリ
ズムのように輝いて

映画の主人公は、仕事も恋もまるでうまくいかないアニー。結婚する親友リリアンからブライズメイドのまとめ役「メイドオブオナー」を頼まれますが、やることなすこと失敗ばかり。そんなとき、リリアンのフィアンセの上司の妻ヘレン(そのセレブぶりが、どうも女性の鼻につく)が婚約パーティを主催します。その「フランス」をテーマにしたブランチパーティは、ゴージャスでシックで完璧！ここがこの映画の名物シーンでもあります。

ピンクのストライプのボックスを開けば、蝶が優雅にひらひらと舞い…、それがパーティへの招待状。ゲートを進めば、正装のバトラーがピンクのレモネードをサーブ、白馬のナイトがゲストを邸宅までエスコートする周到ぶり。庭園のファウンテンにはチョコレートがあふれ、笑っちゃうほど巨大なハート形クッキー(怒って持ち上げようとして下敷きになります)、お菓子のエッフェル塔などがディスプレイされているのも傑作。本当にエレガントで夢のよう！

アメリカのウェディングカルチャーを風刺しているとはいえ、いい意味で過剰なテーマの追求、細部へのこだわりはまさにパーティの極意。おもてなしの真髄を教えてくれます。

1.椅子の背もたれを飾るMr.&Mrs.のサイネージは、みずみずしいグリーンでドレスアップ。2.シンプルなプログラムカードも、ピンクのバラとアジサイを加えるだけで華やかに。3.花に埋もれるようにディスプレイしたエスコートカード

1.ガーデンローズなどとユーカリの葉で束ねたブーケ。2.セレモニーの後はピクニックランチ。3.アンティークショップで見つけたボックス、真鍮の取っ手を磨いてニスをかけ、花々のステージに。4.「甘い生活」の名をもつローズたちが出番を待ちます

ハートフルなストーリーからヒントをもらう
素朴でカジュアルなガーデンウェディング。

In Her Shoes
『イン・ハー・シューズ』

『イン・ハー・シューズ』
DVD発売中：1419円+税
発売元：20世紀フォックス ホーム エンターテイメントジャパン
©2012 Twentieth Century Fox Home Entertainment LLC. All Rights Reserved.

タイプの違う姉妹がそれぞれ人生の転機を迎える姿を描くハートフルヒューマンストーリー。マギーが贈る詩は、実際にキャメロン・ディアスがドリュー・バリモアの結婚式で朗読したというエピソードも。ラストの結婚式&パーティは、シンプルだけど陽気で温かく、流れている音楽も参考になりそう

映画のようなウェディングといえば、荘厳なカテドラル教会と同じくらい、アウトドアのシーンがなんと多いことでしょう。オンザビーチ、芝生のガーデン、エステートのパティオ、秘密の花園、レストランの中庭などなど…。

この映画は、容姿抜群ながら問題ばかり起こす妹マギーと、頭脳優秀な姉ローズの物語。長い行き違いの後、再びお互いを認め合い和解する姉妹。嫁ぐ姉のために用意された結婚式の場所は、ジャマイカ料理店の庭でした。ドレープが揺れ、キュートな花々でドレスアップしたキャノピー。シンプルなドレスで装い、トロピカルな「Over the Rainbow」の曲で祭壇に向かって歩くシーンが素敵。気取らないガーデンウェディングもいいなあと思う瞬間です。

この結婚式では、難読症を克服したマギーがサプライズで姉にカミングスの詩をプレゼント。"I carry your heart with me.（あなたの心とともに）I want no world.（世界なんかいらない）"…思わず涙がこぼれる名場面。心の揺らぎにのせた一編の詩、言葉の美しい力です。

多くの皆さんの琴線に触れるのは、かしこまりすぎない涙あり笑顔ありの式。愛のある「その日」が実現できますように。

二人の物語の始まりに、いつか温かい「我が家」で家族を迎えることになるドアフレームを…

ジュリア・ロバーツが演じる主人公ジュリアン。元恋人、マイケルの結婚式が数日後に迫った日、マイケルから誘われます。「君は僕の人生の大切な女性だった。でもこれからはもうこんなふうに二人では会えないね…」と。観光客で賑わう遊覧船の上、マイケルの鼻歌"The Way You Look Tonight"で、抱き合いながら踊る二人。甘くて切ない「二人のメロディ」です。

クライマックスはキャメロン・ディアス演じるキムとマイケルの披露宴。ジュリアンが言います。「お二人にこの曲をプレゼントしましょう、二人だけのメロディが見つかるまで」。そしてあの"The Way You Look Tonight"が流れ、二人はファーストダンスを披露…。颯爽と立ち去るマイケル。二人を乗せた車を照らすのは華やかに打ち上がる花火。それぞれの想いがあふれて弾け、やがて夜空に溶けていくこの数分間。

例えば、夜空を飛び回る小さな妖精が放つ光の帯のようなフェアリーライト、ほのかに優しく温かいペーパーランタン、夜の微風に巧みに舞うキャンドルの灯火、そして夜空を焦がす豪奢な花火…。一夜限り、たった数分の光のきらめきが、あなたのウェディングに永遠のドラマを与えてくれるのです。

1. レセプションもいよいよクライマックス。夜の闇を鮮やかに照らし、幾筋もの光の帯を残す打ち上げ花火。
2. ディナーテーブル＆チェアは白でドレスアップ。その日の終わり、フェアリーライトを映すインフィニティ・プールがロマンチック。
3. 日が沈み夜の漆黒があたりを包む頃、花火の華やかな光の柱に導かれる二人。パーティの始まりです

ドラマをつくるのは個性豊かな「光」たち。
ライトアップや花火に心惹かれて。

My Best Friend's Wedding
『ベスト・フレンズ・ウェディング』

『ベスト・フレンズ・ウェディング コレクターズ・エディション』

DVD発売中：1410円＋税
発売・販売元：ソニー・ピクチャーズ エンタテインメント
©1997 TriStar Pictures, Inc.
All Rights Reserved.

人気女優ジュリア・ロバーツとキャメロン・ディアスの顔合わせで大ヒットしたロマンチックコメディ。自分より早く結婚することになった昔の恋人に嫉妬したヒロインは、彼の愛を取り戻そうとあれこれの奇策を開始…。劇中曲の使い方も秀逸で、心に残ります

かわいい！けれど子どもっぽくなりすぎない スイートなカラーパレットの理想形。

Marie Antoinette
『マリー・アントワネット』

『マリー・アントワネット 通常版』
DVD発売中：3800円＋税
発売・販売元：東北新社
©2005 I Want Candy LLC.

フランスの王妃マリー・アントワネットの半生を映画化。ソフィア・コッポラ監督は、大胆にもアントワネットの青春映画に仕立てました。バックに流れるのは軽快なロックナンバー。キルスティン・ダンストが孤独を抱えて生きる王妃を愛くるしく演じ、フレッシュな魅力に満ちています。女性が女性のために作った世界観が秀逸！

　ソフィア・コッポラが描く、あのマリー・アントワネット。しかもアントワネットを演じるのは、とびっきりの美女とはおよそいいがたい、今どきのクールな女の子、キルスティン・ダンスト。当時はさまざまな意味で興味深い映画でした。しかもコスチュームデザインを担当するのは『炎のランナー』『バリー・リンドン』など数々の名作を手がけるミレーナ・カノネロというから垂涎ものです。
　本物のヴェルサイユ宮殿でのロケに加え、18世紀の貴族のファッションは、宝石と羽根飾りが飛び交い、豪華絢爛そのもの。それでいてスクリーンは綿菓子やマカロン、キャンディ、シャーベットを思わせるスイートなカラーに満ち、ガーリーでファンシーな雰囲気。ただのゴージャスではなく、ふわふわナイーブな女の子の心を映し出すようなパステルの色調です。
　スモーキーブルーにパウダーをはたいたようなピンク、鈍いゴールドの縁取り、深いグリーンに山吹色、淡いピンクにフューシャが重なる色…どの場面にも色の洪水。ただただため息が出てしまいます。
　あなたの好きな色をあなただけのニュアンスにするお手本になること請け合いです。

1.ピンクのニュアンスでデコレートしたテーブル。2.パステルのバルーンが青い空に溶けていく、愛があふれる午後。3.ピンクの濃淡に淡いブルーがスイーツみたいに甘いブーケ。4.インド洋の碧と空の淡いブルー、プールのエメラルドグリーン、ドレープの白とピンクが海風と戯れます

『セックス・アンド・ザ・シティ
[ザ・ムービー]』
Blu-ray発売中：2000円＋税
発売元：ギャガ／フジテレビジョン
販売元：ギャガ

おしゃれな映画から学ぶ
大人のウェディングファッション。

Sex and the City
『セックス・アンド・ザ・シティ[ザ・ムービー]』

4人の独身女性の自由奔放なNYライフを赤裸々に描いた、大ヒットTVドラマの劇場版。ドラマの最終話から4年後のこと。彼女たちの友情は変わらぬ固い絆で結ばれていますが、キャリー（サラ・ジェシカ・パーカー）は、恋人ビッグとついに結婚を決心！　キャリーのファッションから目が離せない映画です

　実際にVOGUE誌上でも紹介され、話題となったのが、主人公キャリーが雑誌撮影のために着用したウェディングドレスの数々。40代のキャリーが着こなすとあって、どれも女性らしいボディラインを美しく包み込むデザイン。圧巻のボリュームで広がるファーのスカートに、ため息しか出ないヴェラ・ウォンのドレス。フラッパー風のミニドレスはランバンで、エレガントなブーティがアクセントに。ヴィヴィアン・ウエストウッドのドレスは、バッスルシルエットがクラシカルで、挙式当日にはターコイズのフェザーでファッションアイコンの面目躍如！

でもでもやっぱりキャリーが最高に輝いたのは、ヴィンテージショップで見つけたシンプルなサテンのドレスにマノロ・ブラニクのパンプスというスタイル。後日行った二人だけの挙式でのこと。自分の心の声に耳を傾ければ、本当に欲しいもの、大切なものが見えてくるという大人のおとぎ話でしょうか？

　ドラマを見ていた人ならご存じのように、キャリーはシューズ・ラヴァーで、マノロをはじめとする憧れブランドの靴が作品中にたくさん出てきました。「その日」、ロングドレスから覗く足元にこだわるなら、ぜひこの映画を参考に。

Sex and the City © 2008 IFP Westcoast Erste GmbH & Co. KG.™
New Line Productions, Inc.
Package Design&Supplementary Material Compilation
© 2014 New Line Productions, Inc. All Rights Reserved.

1.この日の花嫁は繊細なオーガンジーがあでやかなイタリアのドレス。2.ジミーチュウのオープントゥに色鮮やかなネイルを合わせて。3.レイヤーたっぷりのスカートから覗く、ヌードカラーのピンヒール＆オープントゥが素敵。4.ピンクのベルベットにゴールドの刺繍。モードなスタッズも絶妙

Chapter 3
dramatic wedding

素敵なストーリーを形にする「ドラマチック」の秘訣10

これまで、そしてこれからの二人を祝う「その日」は、人生でいちばん特別なドラマ。
ドラマには舞台があり、脚本があり、衣装、音楽、照明…、そして何よりもキャストが不可欠です。
大切な人たち、愛する皆に伝えたい感謝の気持ちや心の風景、音、香りに思いを馳せてみる、
そして未来へと続く二人の物語を、ひとつひとつ形にしていく。
そうしてつくられた「その日」は、二人のために集まった皆の心に深い感動を与えてくれます。
ドラマチックを叶える秘訣をそっとお教えしましょう。

オーストラリアから届く、冷たく烈しい季節風が常夏のBALIの夜を震え上がらせる7月のある日。「プールサイドでのパーティは難しいのでは？」と誰もが思っていた午後。日が傾き、一日の終わりが夜の闇を連れてくる頃、風はピタリとやみ、クリスピーな空気が空と海のブルーを際立たせました。キャンドルの温かい光がにじむ、壮大なパノラマが目の前に広がったのです

a key to success 1

「非日常」な場所を選ぶ。

「その日」のドラマのステージは
どこよりも特別な場所、非日常な空間。
あなたにとっての「非日常」は
案外、日常の隙間に、静かに
息をひそめているのかもしれません。
非日常な場所へと連れて行ってくれる
魔法のドアはどこに?

そこに身を置くだけで非日常感に包まれる異国の楽園

日本から数時間をかけ、赤道を越えてたどり着くのが、インド洋に浮かぶアイランド、BALI。それだけでここはもう非日常。果てしない空と海、植物は緑深く、原色の花々に彩られた楽園です。早朝の朝靄、樹々の緑から漏れる優しい陽光、朝露に輝くプルメリアのはっとするほどの白さ、海風に戯れる祭事のためののぼり、夜の漆黒と輝く星々…。ここが特別な場所になる、魔法のドアはあなたを静かに待っています。

インクのような碧が海から空にあふれて溶け出し、傾き始めた日をプールの水面が映し出す頃。傘を持つBALIの正装の男性、ドレスのトレーンを持つ少女のエスコートで、花嫁は祭壇へと向かいます

a key to success 1

ビーチやガーデンで
開放感あふれるセレモニー&パーティ

　乾いた空気が初秋の気配を運ぶ草原でのピクニック。保温ボトルに入れた温かい蜂蜜入りの紅茶と、シンプルなサンドイッチがどれほどおいしく特別だったことか…。天気のよい休日には、庭の芝生にテーブルと椅子をセットしてみましょう。また、肌寒さの中に、春の日射しの暖かさと植物の芽吹きをいっぱいに吸い込む昼下がりも幸せなものです。

　二人の「その日」の舞台が、みずみずしい植物の匂いや優しい日の光をまとうガーデン、もしくは海風と波の音を近くに感じるガゼボ(ガーデンに設置された東屋)だったとしたら？　愛する人々とともに大自然の営みを思いきり感じるとき、心は大きな喜びで満たされるはずです。

1

1.インド洋を見渡す芝生のガーデン。波に洗われ、どこか遠くの国からたどり着いたような流木のガゼボも、真っ白なコットンのドレープとシャンデリアでドレスアップすれば、たちまちハレの日仕様に。2.日中の烈しい太陽の余韻をうっすら残す日暮れ前、ロングテーブルの先に見えるインド洋の碧、淡いピンクをたたえる空に浮かぶコットンのパラソルが非日常感を高めてくれます。3.樹々の緑の氾濫が、テーブルにまであふれて広がるような木漏れ日の中で…

海に沈んだ太陽が、なお雲をバラ色に染めて輝く、雨季のBALIの印象深いサンセット

あえて
サンセットタイムや
夜を選ぶと
ロマンチック

　アウトドアでのセットアップは、大いなる自然がバックドロップ。燦燦と降り注ぐ陽光の下ばかりがドラマチックではありません。むしろ、人々の感情が高まるのは日が傾き始めてから。その光と影、無数に移り変わるあたりの色合い、風の音、樹樹のわき立つ緑の香り…、その中で愛を誓う二人。想像しただけで胸がキュンとなりませんか？

1.ミッドナイトブルーに染まる空に、クールに光るペーパーランタンとフェアリーライト。2.夜の闇があたりをすっかり覆いつくしてしまう前の、最後の輝きが美しい時間。3.プールに浮かぶように見えるシャドーボックスは、バーカウンター。オレンジの残光にまぶしく映えて

a key to success 1

a key to success 2
二人をサポートする「ウェディングパーティ」を立てる。

ウェディングパーティとは、ブライド（花嫁）、グルーム（花婿）、ブライズメイド、グルームズマン、メイドオブオナー（ブライズメイドのリーダー）、ベストマン（グルームズマンのリーダー）、リングベアラー、フラワーガール、両親やVIPゲストを含む、主役となるグループの総称です。大切な家族や友人に「その日」の重要な役を演じてもらうことで、あなたのドラマはいつしか皆のドラマになります。

美しき女友だち「ブライズメイド」、それは花嫁を完璧にする魔法

　その昔、結婚式には幸せをねたむ悪魔がいると信じられていたヨーロッパ。女性たちが花嫁とおそろいの衣装を身につけて悪魔の目を惑わせたのが「ブライズメイド」の起源とか。リハーサルに訪れるブライズメイドの多くは、花嫁同様極めてカジュアル。なのに「その日」を迎えた彼女たちは見違えるほど美しく輝いています。花嫁となる親友とともに過ごしてきた珠玉のような時間が、媚薬となるのかもしれません。

「ラスティック（素朴で飾り気のない）かつエレガントに」がテーマだったウェディング。モチーフのひとつ、花模様のガウンでお支度する花嫁とブライズメイドたち。本番は、右ページ下の写真のようにシックなドレスで

1. 前日のリハーサル時のおてんば娘とは打って変わって、エレガントにドレスアップした花嫁＆ブライズメイドたち。2. ピンクのサテンのガウンをおそろいで。コチョウランのヘッドドレスで準備万端。3. 入場時、ブライズメイドは先頭を歩きます。このシーンこそ、皆の注目の的。4. 鮮やかなコーラルのドレスにピンクのブーケがフレッシュ！

What's a "Wedding Party"?
ただの「演出」ではない
ブライズメイドやグルームズマン

　日本ではブライズメイドやグルームズマンというと、おそろいの衣装を身につけ、結婚式に華を添える存在となっています。でも、本来は二人のお世話係。当日の介添え役であると同時に、結婚式までの準備のお手伝いなど、その役割は多岐にわたります。二人の友人や兄弟姉妹、親戚などの未婚の男女に依頼するのが一般的でしたが、昨今は未婚既婚にかかわらずごく近しい友人が務めることも。

花婿には「グルームズマン」!
やんちゃな男子たちが輝く時

　ブライズメイドに対し、花婿には男友だちがグルームズマン(日本ではアッシャーと呼ぶこともある)として寄り添います。もちろん、こちらもおそろいの出で立ちで。神経質になる花婿の精神的な支えとなり、結婚指輪を預かったり、ゲストの世話、ネタばらしのスピーチで会場をわかせるのもその役目。おふざけがすぎて女子のひんしゅくを買っても、セレモニーには颯爽と臨むその男っぷり、なかなかキマっています!

グルームズマンたちは、その日のテーマカラー、コーラルのタイ。花婿と異なる色合いのブートニアでともに待ちます

1.ネイビーからロイヤルブルーのスーツでポーズ！ シルバーのタイに、ピンクのシンビジウムがベストマッチ。2.ジュニアグルームズマンも、おそろいのスーツにマゼンタのバラのブートニアでドレスアップ。3.それぞれトーンの違うブルーのスーツ。ストライプのボウタイにサングラスがお茶目。4.ミッドナイトブルーのスーツとドットのボウタイ、ゴールドのピンまでおそろいにして

a key to success 2

天使たちが大活躍！
フラワーガールや
リングベアラー

　花嫁の歩く先に花をまく、お馴染みフラワーガール。指輪を持つリングベアラーやドレスの裾を持つトレーンベアラー、ジュニアブライズメイドにグルームズマン…、キッズたちの出番も侮れません。姪っ子や甥っ子などが務めることも多いのですが、慣れない大舞台で緊張して泣き出してしまったり、皆の注目にバラ色の頬を染めるかわいらしい姿。何をしてもキュートで大きな愛を思い起こさせるピュアな存在です。

1.本番を前にグルームズマンと一緒に支度中のジュニア。おそろいのバッジをつけてもらうその表情は「どう、キマってるでしょ？」 2.「アンドレおじさん、もう逃げられないよ。彼女の入場！」というバナーで花嫁を先導した花婿の従兄弟。大役を果たしての笑顔がかわいい。3.リングベアラーの大役に緊張気味、それでも年長として幼い従姉妹たちの先頭に立つ男の子。4.熱があった午前とは打って変わって元気にポーズする3人姉妹は、花嫁の幼い姪たち。5.ブライズメイドの子どもたち、おめかししたママたちとともに。6.皆の注目の中、ぐずり出すフラワーガールの女の子、リングベアラーの男の子の笑顔は自信に満ちて

a key to success 2

a key to success 3
自由奔放に
カラーパレットを作る。

この世の中にマッチしない色はない。すべての色合いは自然界の模倣です。
大自然の中にある緑や碧、赤やピンクやイエローが
マッチングなどおかまいなしに存在するその奔放さ、気楽さには脱帽!
空の青が海の碧に溶けていく昼下がり、日が沈む前の残光に光る海、
バラ色に雲を照らす西日、あらゆる色合いは光と影が作る傑作。
「その日」のテーマカラー、カラーパレットのお手本はすぐそこにあります。

Dreamy Pink

何が何でもピンクが好き! という花嫁のため、シンビジウムやバラ、カーネーションで作ったピンクのグラデーション。1.ガーデンのカクテルパーティでは、ピンクにドレスアップしたバードケージを配して。2.チェアには、シルバーのボウとピンクのブートニアをアクセントに。3.ディナーテーブルには、ピンクのニュアンスブーケをプラムピンクリーフでまとめて。ダスティミラーの葉のシルバーっぽい輝きがエレガント

ピンクのニュアンスに こだわって

　なぜ花嫁はピンクに惹かれるのでしょう? それはきっと「自分だけのピンク」が見つかることを知っているから。フューシャピンクはおしゃれで都会的、ブラッシュ(チークのような)ピンクは上品、コーラルピンクは小麦色の少女を思わせ、ピーチピンクには遊び心を感じ…。ピンクとペールブルー、ピンクとネイビー、ピンクとモスグリーンなど、完全無欠の相性も! あなただけのピンクを見つけてください。

1

2

3

Fairy Pink

カラーパレットはブラッシュピンク、オフホワイト、ダスティーピンク、そしてローズゴールド。甘さの中に品格と意志の強さを持つ組み合わせ。4.ローズゴールドのウィッシュツリー。メッセージカードにはオーガンジーのリボンでビター＆スイートに。5.7.バラとカーネーションの可憐なピンクに、ローズゴールドのテーブルランナーやボトルが大人な昼下がり。6.プールに浮かぶ祭壇の上に飾られた装花。ホワイト系のガーデンローズやリシアンサスに、ピンクの花々を合わせて

単色のテーマカラーも
グラデーションで表情豊かに

　たったひとつの色をテーマカラーに選んでも、色の表情はまったく単一ではありません。例えば、緑。その明るさは影を伴い、烈しい太陽に負けじとばかりに繁茂する緑、柔らかな日射しに芽吹く新緑、静寂な森の深い緑…。テーブルを飾る花々も、リネンやカトラリーの素材感によってミックス&マッチの可能性に限りはありません。グラデーションのラビリンス、ゲストを虜にすること請け合いです。

Pure White

「オールホワイトで」という花嫁の希望で。1.ガラスのベースやブーケのクリスタルのドロップが華やか。2.多種多様な白い花の組み合わせ。3.コチョウランの名前の由来は蝶。チャペルの祭壇の上には蝶のオブジェが軽やかに舞って

Ocean Blue

さまざまな色合いを見せる海の碧。コーラル&白がアクセント。4.波に洗われた丸い石にゲストの名前を刻み、シーティングカードに。5.空や海から溶け出したようなブルーの色合いに包まれて。家の形をしているのは素焼きのキャンドルホルダー

a key to success 3

「ハッピーイエロー」を テーマカラーに

　花嫁は、長年の夢だったパーティグッズの会社を立ち上げたばかり。彼女のこだわりが随所にちりばめられたカラーパレットは独特の輝きです。イエローというビタミンカラーをコーラルやオレンジ、ピンクなどの、これまた元気カラーと合わせるセンス。花婿のシックなスーツにはドットのボウタイ、コンバースは少しトーンを落としたマスタード色。メインカラーを引き立たせる絶妙かつ巧妙なパレット展開に脱帽！

Happy Yellow

1.お母さまのドレスのコーラルもバルーンの黄色もハッピーカラー。2.ビタミンカラーの花を入れたバードケージ。3.フェルトの手作りブートニアもみごと！4.ブライズメイドはレモンイエローのミニドレスで。5.6.イエローのアンダースカートとコンバースは高度なペアコーデ！

ビタミンカラーにそこはかとなく漂うフォーマル感が素敵。イエローがこんなにシックとは！

a key to success 3

a key to success 4
揺るがない「その日」の
コンセプトを見つける。

キャンバスに何色をのせ、どんな絵を描いてフレームをかけるのか、それが「その日」のコンセプト。
小さい頃に大好きだった絵本の世界、懐かしい我が家、二人で行った南の島…想いをのせるキャンバスは無限大。
ここ南の島、BALIにこだわったふたつのストーリーを紹介しましょう。

フランジパニに
思いを込めて…

　BALIと言えばフランジパニ(プルメリア)。BALIの女性たちの艶やかな黒髪を飾る真っ白な一輪、雨上がりの庭に落ちた花々はぷっくりと水を含んで清々しく、はたまた青空にまぶしいピンクのフランジパニは、芳しい香りとともに心に残るBALIの色。この花そのものをウェディングのテーマに選ぶのも夢のあるアイデア。BALIに思い入れのあるカップル、甘い香りに包まれたい花嫁には、ぜひおすすめしたいテーマです。

1.民族衣装のサロンで装う花嫁。ピンクのフランジパニにフューシャピンクのバラをコーディネートしたブーケを合わせて。2.木の枝に咲き誇るフランジパニのイメージをテーブルに再現。たくさんのブーケを飾りました

3.フューシャピンクのリボンでドレスアップしたナプキン。添えられた一輪のフランジパニがキュート。4.正装をしたBALIの少女が、花嫁の入場を前にフランジパニをまけば、チャペルはたちまち甘い香りで満たされます。5.バラ色に染まるBALIの空を映すプール。バナナトランク(幹皮)から漏れるキャンドルの灯が温かく、フランジパニとともにゆらりゆらりと漂って。6.色とりどりのフランジパニのガーランドとポンポン。海の碧に弾ける泡のよう!

a key to success 4
ヴィラを借りきって
ラスティック感を

　世界中から訪れる人を魅了するBALI。エトランゼがテイストにこだわって作った家も多いようです。1万以上の大小の島々からなるインドネシア各地から集められた柱や梁、ドアは、海風や陽光を受け、年を重ねて程よく色褪せ、ノンシャランな（抜け感のある）雰囲気がにじみ出るイタリア人の私邸に組み込まれました。「ヴィンテージ＆ラスティック」をテーマに、とびきりのステージとなること請け合いです。

1.柱や床のほか、扉や梁までもアンティークを使ったオープンダイニング。爽やかな風の吹き抜けるパーティを叶えて。2.BALIのまぶしい日射しから身を守るコットンの傘。インド洋の碧のニュアンスをアクセントに

3.色褪せたアンティークのドアの前に、席を示すエスコートカードを並べました。マリーゴールドのオレンジもまさにBALIの色。4.BALIのハンサムボーイたち。エレガントなレースの傘で、今どきのアイランドスタイルを演出。5.ミッドナイトブルーとシルバーの刺繡を施したナプキン。6.石のオブジェをウェルカムボードに。オレンジのマリーゴールドが芝生の緑に鮮やか

両家の距離が近くなる時間

「その日」のドラマがいよいよクライマックスへと向かう、幕間ともいえるのがカクテルタイム。終わったばかりのセレモニーの高揚を分かち合う、ディナー前の時間です。海外ウェディングでは、遠くから来るゲストへのおもてなしの心を忘れないことも大事。手持ちぶさたなゲストがいないよう気配りを。両家のファミリーが自然に近づける場として、ディナーパーティの前にカクテルタイムを設けるのが定番です。

a key to success 5
ディナーの前にカクテルタイムを。

セレモニーが第一幕とすれば、次に待ち受けるディナーパーティは第二幕。
挙式の感動を語りパーティへの期待で胸が高鳴るとき、きりりと冷えたカクテルは必須です。

1.サンセットの特等席に集うゲストたち。海風が心地よく、ランタンの温かい光がまだ明るい景色ににじみます。2.「カクテルはこちら」のサインにドラマの予感。3.二人のためのオリジナルカクテル。桜色はピーチのカクテル、ミントたっぷりのジンベースは花婿のリクエストで。4.パーティの始まりを待つ、きらめくシャンパンタワー。5.ディナー前のマジカルモーメント、冷えたギムレットを片手に。6.日中の青を残す空に、夜の闇が重なっていく時間。キャンドルの灯火がきらめいて。7.太陽が海に沈む前のパーフェクトなサンセット、それを映して紅く染まるグラス…。お楽しみはこれから！

a key to success 6

クライマックスは
ファーストダンスで決めて。

欧米では伝統的なセレモニー「ファーストダンス」。二人の初めての共同作業を披露する意味があります。
ゲストのため息を誘うのはもちろん、二人の交わす視線に、重ねた手に、愛があふれるよう。

欧米では伝統的な初めての共同作業

　第二幕のスタートに、もしくはクライマックスに、二人にとって特別な音楽にのせて、夜空に愛という宝石をちりばめましょう。昨今は、決められたステップを踊るような、キメキメの振り付けダンスはトレンドではありません。何カ月もかけた練習の成果を披露する二人がいたり、くねくねゆらゆらの緩〜いダンスがあったり。スローなミュージックでロマンチックに踊る、二人のLOVEのショーケースが今どきです。

1.昼間の青が薄紫に重なって、コーラルに染まる空をバックドロップに、二人だけの世界がプールの水面に揺れます。2.パーティもクライマックス。たくさんのゲストが見守る中、二人が披露するとびきりロマンチックなファーストダンス！

a key to success 7

ウェディングアイテムは
フォトジェニックに。

ウェディングケーキ、ブーケやブートニア、ペーパーアイテムなどの定番もの。
必ず視線が注がれ、カメラに納まるものだからこそ、夢のあるデザインを!

1.花婿のたってのリクエストで登場した「スパイダーマン」のフィギュア付きケーキ。あくまでクラシックに品よく。2.ブルーのグラデーションで海の揺らぎを表現。3.バラのパープルとチェスナッツ色のコーディネートがシック。4.ドレスのアクセントになっている、オーバーサイズのリボンがモチーフ。チョコレートブラウンに白が映えて。5.繊細なアイシングで、レーシーな柄と可憐な小花を描写

テーマやカラーパレットを取り入れて
自由にデザインするウェディングケーキ

日本ではフルーツたっぷりのケーキやフレッシュクリームのケーキなど、見た目に華やかで食べておいしい、どちらかと言えばナチュラルなケーキが多い傾向が…。でも、ここBALIでは、ちょっぴり夢見心地なデザインが人気。かすかに「海」を感じさせるモチーフ、はたまた二人のイニシャルのトッパー、カラーパレットの花々でドレスアップなど、印象に残るエレガントなデザインケーキが主流です。

6.ホワイトのフォンダンケーキに、二人のイニシャルのトッパー、ふわふわのリシアンサスの花びらが爽やか。7.キャスケードのように流れるコチョウラン。白いケーキに舞い降りた蝶のよう。8.たっぷりのぶどうをのせて、インパクト大。パープルシャドーが清々しい逸品。9.ホワイトオンホワイトのモチーフ使い、そして花嫁の大好きなピオニーとフューシャピンクのバラがあでやか!

花嫁の心を映し出す
ニュアンスブーケ

　ドレスや「その日」のテイストに合わせて束ねたブーケは、色彩におけるニュアンスの代表。あえてカラーパレットからはずれた色をアクセントにするのもおしゃれ。サテンのリボンも素敵だけれど、プリーツや刺繍、チェック柄など自由なリボンを組み合わせてみる…。端っこのぼさぼさ感、小さなアンティークチャームが揺れたら、ちょっぴりヴィンテージムードが漂います。ミックス＆マッチの楽しみ、誰にも譲れません。

1

2

3

4

1.淡いピンクのカラー＆バラを、リシアンサスでふんわり見せて。
2.大輪のシンビジウムとコーラルなリシアンサス、ヒペリカムやミモザをロイヤルブルーのボウで束ねた南国ブーケ。3.モーヴのシンビジウムには軽やかに舞うコチョウランのホワイトがまぶしくて。
4.ライムグリーンのカーネーションと白いリシアンサス＆バラをギンガムのボウで束ねて目に爽やか

5

6

7

9

8

10

5.ハンサムな白いカラーとアジサイのフリルに囲まれた、甘いピンクのバラ。端正と可憐がつくる甘辛スイート。6.ベビーブレス（カスミソウ）をたっぷりと束ねて、ふわふわ雲のように見えるブーケ。オーバーサイズがロマンチックで素敵。7.ほんのりピンクのシンビジウムに同系色のバラを添え、より華やかに。8.流行のラスティックなウェディングには、ピュアホワイトのコチョウランも似合います。9.ピンクの小ぶりのバラだけを束ねたブーケ。おそろいのヘッドリースもブルーのリボンにして、甘すぎないおしゃれ感を演出。10.ピンク〜パープルのバラやリシアンサスに多肉植物をたっぷりと組み合わせた個性派ブーケ。スモーキーなグリーン使いでふんわり優しげな表情も

a key to success 7

ブートニアや
ブライズメイドの
ブーケが語るもの

　ブライズメイドのブーケは、花嫁のブーケの妹的デザインであったり、「その日」のカラーパレットを完璧にするまったく別なタイプであったり。花婿のブートニアは完全に花嫁ブーケのミニチュア版が王道。新郎新婦と同様にメインキャストである「ウェディングパーティ」が身につける彩りは、静かに拡散し、皆の心に降り注ぎ、「その日」の記憶として輝くのです。

花嫁のブーケは大ぶりで赤い実がアクセント。ブライズメイドたちのそれはやや小ぶり。パステルピンクと白の花で統一

1.出番を待つブライズメイドのブーケたち。ピンクからピーチ色でまとめて。2.白いカラーを束ねただけのブーケ。ドレスとおそろいのスカイブルーのリボンが効いています。3.コチョウランのブーケとおそろいの花婿のブートニア。シンビジウムが彼だけのスペシャル。4.ホワイトのウェッジソールに、バラのコサージュを合わせて。ビーチでのセレモニー仕様。5.リシアンサスのブートニアはグルームズマンたちのもの。シルバーのコードで束ねたのが粋

a key to success 7

おもてなしの心を映す
ペーパーアイテム

　ドラマの始まりは招待状から。それはよくできた映画の予告編のように、「その日」のドラマの予感で、皆をワクワクさせるはず。同時に、ペーパーアイテムはおもてなしの心を丁寧に伝える賢いツールであることを忘れてはいけません。ゲストがふと手に取ったカードの文面に顔がほころんだら、それは心と心がつながった瞬間。そんな瞬間が、「その日」のそこかしこにちりばめられていますように…。

a key to success 7

1.花嫁自らの手によるペーパーアイテム。爽やかなムードにあふれています。2.キャンバスにプリントされたのは二人の名前のハッシュタグ。3.「新婚の二人に向けてアドバイスをお願い」と書かれたメッセージカードがお茶目。4.愛についての古い言い伝えをフレームにして。5.ゲストへのメッセージはコーラルのペーパーで。テーブルのカラーパレットはこれで完成！　6.ゲストのテーブルを彩るメニューカード&シーティングカード。おもてなしの気持ちがあふれます。7.カラーを水に溶かしたような「Bride」「Groom」のシーティングカード。8.プログラムカードは、ブーケとベストマッチング。9.ゲストへのギフト、ビーチサンダルに「疲れたら使ってね」のメッセージがキュート。10.大好きな言葉の数々をカードに添えてデコレーション。ディナーテーブルを表情豊かに

2

3

4

5

6

7

8

9

10

a key to success 8

小道具で
表現する
今どき感。

その存在は小さいながらも
「その日」の流儀を
きちんと体現するアンバサダー。
それが世界的なトレンドである
プロップ(小道具)使い。
プロップの向こう側に、
たくさんのドラマと愛が見えてきます。

1.テーブルチャートは、二人が旅した大好きな都市をマップにしたもの。2.白木のリングボックスには、リングを託すベストマンへのメッセージと、日付&二人の名前を刻印。3.グルームズマンへ贈るのは、おそろいのタイとラベルピン。そしてヒップフラスコに添えられたメッセージも小粋です

おすまし顔の
プロップたち

　何でもインターネットで簡単に検索できる今、世界中の素敵な結婚式を見て、聞いて、その「素敵」を実現するための方法を探し出すのもそう手間のかかることではありません。プロップのトレンドもあっという間に広がり、欲しいものが手に入ります。でも、だからこそフォトプロップ(写真を撮るときの演出小道具)をはじめ、ディスプレイにペーパーアイテムに二人のセンスとアイデアが重要なのです！

4.日よけの下に、大小のフレームが揺れて。それぞれのユニークな風景が見えたら素敵。5.南の島のガーデンウェディングでは、お約束の扇子。ブルーのマラボーでファンシーに。6.夕暮れをバックにした「Reception」のサイン。ドラマの後半への期待を高めてくれるバイプレーヤーです。7.傾きかけた太陽の光からゲストを守る白いコットンのパラソル。ヴィヴィッドなガーベラをアクセサリーにして、ちょっとよそ行き顔

DIYのプロップで
パーティムードを盛り上げて

　自分たちらしさを表現するには、オリジナルに限ります。DIYブームも手伝って、ここBALIでも持ち込みプロップは増えるばかり。たとえ手作り感満載のペーパーグッズであっても、ちょっと稚拙な作り物、チープなグッズたちでも、ドラマのある「その日」に紛れ込んだら、サマになってしまうから不思議です。あなたのパーソナリティを託す小さな脇役たち、大事に注意深く、あちらこちらにしのばせる作戦を！

1.日本でもすっかりお馴染みのバナー。ふたつの椅子を並べて「JUST♥MARRIED」のプレートをつけたら、たちまちペアチェアに。2.たくさんの小さな折り鶴を吊るし、ディナーテーブルを楽しげにドレスアップ。3.ゲストからのメッセージは、ブラックボードにランダムに書いてもらうとおしゃれ

4.フラッグみたいな手作りのエスコートカードを、ブルーのボトルに差しました。5.ゲストに書いてもらったメッセージは、写真とともに飾ります。アンティークなドアフレームをキャンバスの枠に見立てて。6.色使いが爽やか。ストライプストロー＆タグが、カクテルをとびきり涼しげに、パーティらしく演出

a key to success 8

お互いへ宛てる
最後のラブレター

　ABC(American Born Chinese)のPriscillaと、シンガポール行政機関でキャリアとして多忙を極めるWeijieの場合です。

　遠距離恋愛ののち、結婚を決めた二人。家族を遠い母国に残し、シンガポールで愛する人と生きることを決意した花嫁。その並々ならぬ決意を支え、寄り添ったのはもちろん彼でした。セレモニーの前のファーストミート(P95参照)は、「真に二人だけのものにしよう」と考えていました。これまでの忘れられない数々の場面や未来への想いを手紙にし、交換することを計画したのです。

　いよいよその時。手紙を握りしめ、彼を待つ花嫁の目はすでに涙で潤み、胸元は緊張で大きく揺れていました。くしゃくしゃの笑顔の花婿。「驚いた、きれいだ…」のひと言に、抑えていた想いがあふれます。彼の胸に顔を埋めて涙する花嫁。その後二人はお互いに宛てた手紙を読み、二人だけの静かな時間を過ごしました。

　手紙の中身はもちろん二人だけの秘密。セレモニーの直前、恋人に宛てる最後のラブレター…、ため息が出るくらいロマンチックです。

a key to success 9
心に焼きつく
ハートウォーミングな演出。

「その日」は、主役の二人と、二人を慈しみ愛してくれた
家族や友人のためのもの。
言葉にできなかった想いを勇気を出して形にしてみる…
これほどのステージ、逃す手はありません。

1.手紙を読む花嫁。涙が頬を伝います。2.お互いへの想いを抱き、さあセレモニーの始まりです。3.ゲストからのメッセージはポストカードに書いてもらい、郵送しました。二人の未来へ届くはずです。4.いつも笑顔、ハッピーな花婿の見せるシリアスな横顔。5.大好きなBALIの写真を選んで、ポストカードにしました。6.流れるようなシルエットのシルクサテンのドレスで、愛する人を待つ花嫁

Tips for a Heartwarming Day
誰の記憶にも残る
「愛」のあるウェディングを

　両親や兄弟姉妹へ、友人、お世話になった方々へ。そしてお互いへ。「その日」に贈り、また贈られる言葉たち。もちろん言葉にするのが苦手だからと、想いをギフトの品に託す人もいます。どんな言葉でもどんな形でも、そこにこめられているのは、感謝の気持ちをはじめとする「愛」にほかなりません。

　お互いの愛を劇的に確認し合いたい二人には「ファーストミート」をおすすめ。チャペルに入ってくる花嫁のウェディングドレス姿を見て、その美しさに息をのむ…そんなシーンが映画などでよくありますが、あれです。当日まで花嫁はドレス姿を見せることなく、当日も別々の場所で準備を行い、初めてお互いの姿を披露するというもの。これは海外ではとても一般的。とはいえ、いきなり挙式で、は現実的ではなく、お気に入りの場所やお支度部屋などが普通です。ドアの前に立つ花婿。部屋の中で待つ花嫁。ドアが開いた瞬間、言葉を失う花婿もいます。挙式当日、お互いにまた新しい発見ができるとは、なんてロマンチックでしょう！

　そして、家族への感謝を伝えるサプライズ演出も人気です。例えば、大好きな妹へのプレゼントを考えていたカップルの場合。妹夫婦は2カ月前に入籍のみで、結婚式を挙げていませんでした。そこで式当日、ミニ結婚式をサプライズプレゼント。花嫁は妹に自分のつけていたヴェールを渡し、準備していたブーケ＆ブートニアをあげる…そんな心温まる演出は、誰の心にも残ります。

　両親への想いを形にする方法もいろいろあります。幸せになれると語り継がれるヨーロッパのおまじない「サムシングフォー」。サムシングニュー（何か新しいもの）、サムシングブルー（何か青いもの）、サムシングオールド（何か古いもの）、サムシングボロウ（何か借りたもの）のうち、比較的取り入れやすいのはボロウ。幸せな結婚生活を送っている人から持ち物を借り、その幸せにあやかります。理想のカップルは両親だというある花嫁は「ママから借りたイヤリング」を身につけていました。お母さまにとっても、感慨深い日になったはずです。

　お母さまといえば、挙式での花嫁の入場は、お父さまがエスコートするのがスタンダードですが、最近は、お母さまが入場を手伝うことも増えています。そのひとつが「ヴェールダウン・セレモニー」。清浄のシンボルであり、邪悪なものから花嫁を守るといわれるヴェールを入場直前に顔にかけてもらうのです。

　また、究極の感謝の気持ちとして両親に「バウ・リニューアル」の儀式をプレゼントするカップルも増えています。バウ・リニューアルは誓いを新たにするという意味で、結婚数十年にもなる夫婦が、記念日や節目の日にもう一度愛の誓いを立てる欧米の習慣。この儀式を、挙式当日に両親へプレゼントするのです。式ではなくても、実家で眠っていた両親の結婚指輪をこっそり持ち出し、指輪の交換をしてもらう…そんなサプライズはいかがでしょう？

On the Beach
一番人気はビーチでのフォトツアー。
ほかにはない二人のムードを見つけて

幸せを実感できる
一番のプログラム

　それは誰も知らない秘密の入り江、樹齢50年の大きなバニヤンツリーの下、馬が風を切る爽やかな草原、緑燃え立つジャングル、霧にけぶる神秘的な湖などで…。ストーリーを思い描き、あなたの夢見るドラマのヒロイン、ヒーローを徹底的に演じてみること。日本人カップルのフォトツアーといえば、ビーチが多いものですが、ここはせっかくのBALIです。スーパーロマンチックなフォトツアーに出かけませんか？

1.意思をはっきりと持ち、徹底したそのセルフプロデュース力が圧巻だった二人。2.フレーミングも隙がなく、砂に書いた日付などの演出もオリジナル。3.気取りすぎない花冠やセピアなムードも達人の域！

a key to success 10
フォトツアーで二人の世界観を。

一生に一度の晴れのステージ。思う存分ロマンチックに浸ってみる究極のフォトツアーはいかが？
残す写真はもちろん、二人の二人による二人のためのその瞬間を楽しんで。

Around the Village
日常に隠れた特別な場所を
見つけるのも醍醐味

At the Hotel
バリエーションは屈指！
ホテル内でのステージフォト

4. "Let's run away！（二人でどこかへ逃げ出そう！）"をテーマに。いつの間にかフェアリーライトがきらめく夕暮れ時。5. ベスパに乗って走る二人。後ろにのせたサインもキュートです。 6. 滞在ホテルにて。アンティークな扉をバックにポーズ。ドレスの幾重にもなったチュールがドラマチック。7. ランのガーランドでドレスアップしたバギーで見つめ合う二人

Chapter 4

Yuka & Tirtha
biography

1

Tirtha Bridal〈ティルタ・ブライダル〉
是安由香がリードするウェディング・プロデュース集団。ホームグラウンドは、BALIの最南端、ウルワツ寺院に程近いウェディングリゾートTirtha Uluwatu／ティルタ・ウルワツ。2016年には8ベッドルームを備えたVilla by Tirtha／ヴィラ・バイ・ティルタ、「秘密の花園」がコンセプトのウェディングヴィラGlass House／グラスハウスをオープン

世界一素敵な「その日」のために
BALIから愛をこめて

世界中からやって来るカップルとゲストのためだけに存在する特別な空間で、
ドラマをつくるお手伝いをするのが私たち。
観光地BALIでは、毎日がウェディング日和。
はるばる足を運んでくださる皆さまのために床を磨き、芝生に水をやる、
日よけをセットアップし、糊のきいた輝くように白いテーブルクロスを広げる…。
"Tirtha"には、150人からなるスタッフがスタンバイ。
あなたの「その日」のためにここにいます。

熱帯の空気に誘われ
BALIに渡った頃

　最初の「その日」は、BALIのサヌールにあるホテル「タンジュンサリ」でのこと。そこは1960年代にアーティストでありかつ優れた事業家でもあったウィヤ・ワルントゥ氏が妻と建てた海辺の小さな家。伝統的なアイランドスタイルを数々のアンティークが飾り、みずみずしい庭に縁取られたシンプルかつ洗練された佇まい。'70年代には、世界中のセレブリティやジェットセッターの人気の的となった伝説のホテルです。'90年にはロックスターのミック・ジャガーがBALIスタイルで挙式したことでも知られる場所でした。

　熱帯特有のねっとりした空気、クローブの香りのタバコの紫煙、燦々と照りつける太陽、夜の暗闇の深さ…数年前に初めて訪れて以来、BALIは、ことあるごとに浮かされる甘美でスリリングな「夢」のようになっていました。だからなおさらのこと、(その頃はまだボーイフレンドだった)是安浩二が手伝うことになった友人の「その日」の様子は、なんともエキゾチックでとびきりグラマラスに心に響いたものです。

　その後、1992年に是安が始めたのはBALIでのウェディング・プロデュースという仕事。なかば押しかけ的に私がBALIに赴いたのは、ウェディングに興味があったというよりは、私にとっての夢の地にどうしようもなく惹かれてのことでした。お客さまの挙式のため、今日はフォーシーズンズへ、明日はインターコンチネンタルへ…と、小さなオフィスからあちこちのホテルに出かける毎日。ホテルに用意された海の見えるガーデン、あるいはビーチでのセレモニーのしつらえは何ともシンプルなもので、BALIの祭事に欠かせない竹飾りのペンジョールや色とりどりののぼりが、海風を受けて揺れていましたっけ。オルガンの奏でるウェディングマーチで祭壇に向かって歩き始める二人。結婚の誓約は波の音を聞きながら…。ほとんど二人だけの挙式は、温かく心のこもったものだったと思います。

　挙式の後、パーティがあることもごくまれで、ブライズメイドもいない、カラーパレットもないあの頃のウェディング。「BALI」という日本を遠く離れた非日常がたったひとつの大きなテーマだったのです。

1.2016年、Villa by Tirthaにて。2.正装の男女にエスコートされブリッジを渡る花嫁。これがTirthaのイメージ。3.巨大なプールに浮かぶ、白いキャンバスとガラスのチャペル。オープン以来BALIウェディングのアイコンとなりました。4.バラ色の空がプールに映る夕景で、サンセット挙式も人気に。5.断崖に佇むガゼボのショット。ブーゲンビリアの鮮やかさは、Tirtha Uluwatuのシグネチャー

巡り逢えた
ある日の午後のこと

　'90年代後半、JAL直行便の就航、大型リゾート開業などで、BALIは日本人旅行者でわき返り、高級ホテルは日本人のウェディングで大賑わい。そんな中、ようやく形になり始めたのが、我がチームの完全オペレーション、完全プロデュースによるヴィラウェディングでした。それが軌道に乗り始めた矢先のこと、その予想外な露出と人気に、ヴィラのオーナーから届いた知らせは大幅な契約条件の見直し。少しずつ近づいていた理想の計画は足元から大きく揺らぎ、私たちは代替の施設を見つけることを余儀なくされたのです。それからの私たちは"こちらで耳寄りな話"、"あちらで素敵な場所の噂"に、東へ西へとドライブして回りました。

　数カ月たったある日の午後。BALI最南端の岬、さえぎるものが何もないあきれるほど青い空の下、緑に縁取られた一本道がウルワツ寺院にひたすら延びる風景に出会いました。メインロードを少し入れば、鬱蒼たる樹々がたがた道の両側を占拠し、その隙間からは褐色の牛たちが草を食む小さな村。木立を歩けば、湿った草が足元で音をたて、こんもりとした深い緑の香りをくぐると、目の前にはどこまでも広がるインド洋。碧の氾濫、断崖の下には優しく打ち寄せる波が白砂のビーチを洗い、ゆったりとした波音のリズムが心地よく響いています。

　それが現在のTirtha Uluwatu。ここが私たちの始まりの場所になりました。2000年のことです。

　2003年、3年の歳月をかけてTirtha Uluwatuが完成。BALI初のウェディングリゾートが誕生しました。インド洋の紺碧が溶け出したようなプールに浮かぶ、白いキャンバスとガラスのチャペルは大きな話題となり、地元メディアがこぞって取り上げることに。するとジャカルタ、オーストラリア、アジア近隣からのたくさんの訪問客。毎日のように舞い込む挙式の問い合わせには驚きでした。100名を超えるゲスト数、言葉も違えばスケールも違う。日本とは常識もマナーも異なるウェディング。それらに応じたプログラム、フロー、サービス基準。何よりも多岐多様なリクエストを形にするプランナーとチーム育成が急務でした。

　アイルランド出身の花嫁のリクエストで使った"You Raise Me Up"が、その後長きにわたって私たちのセレモニーの定番曲になり、バラ色の雲がたなびくサンセットのカクテルタイムには、DJがセレクトするクールなジャズがお決まりに。香港のカップルの希望で始めたのは、花火の中ブリッジを駆け抜ける入場、ファーストダンスのエンディングには300発の花火が夜空を彩る…。すべてのお手本は「その日」の二人。「その日」の中に次の「その日」のアイデア、ヒントのすべてがありました。

1.インフィニティプールに立つブライド。ブルーのグラデーションに彩られて。2.Tirtha Luhurにて。プールに浮かぶフローティングステージでのロマンチックディナーが大ヒット！　3.アクリルのベンチと、祭壇のテーブルがチャペルにフレッシュな風を運んだ2011年。4.南国の花ブーゲンビリアのフューシャピンクをテーマカラーに、バラをアレンジ。さまざまなデコレーションのリクエストも増えてきた頃。5.ヴェラ・ウォンのプランジネックのドレスで装うTomoka。2005年オープンのTirtha Luhurの最初のお客さま。6.2012年のブライダルフェアで。ディテール志向はTirthaの十八番

1

Tirtha Bridal 〈ティルタ・ブライダル〉

Jl. Uluwatu Br. Dinas Karang Boma Desa Pecatu 80364 Bali, Indonesia
TEL. +62-361-8471151　FAX. +62-361-8471160
http://tirthabridal.net

1992年	●BALIにて、Jalan International／ジャラン・インターナショナルとして挙式サービスを提供
1995年	●ラグジュアリーブランドホテル（Four Seasons Resort、Ritz-Carlton Bali Resort & Spa、InterContinental Bali など）でのウェディング・プロデュースを本格化
2000年	●Jalan International 改め、Tirtha Bali／ティルタ・バリを発足
2003年	●3年の歳月を経て、BALI初のウェディングリゾート、Tirtha Uluwatu／ティルタ・ウルワツをオープン。BALIのウェディングブームの火付け役に
2005年	●1日1組限定、滞在型挙式に対応した、ヴィラ付きウェディングリゾートTirtha Luhur／ティルタ・ルフールをオープン
2007年	●ベストブライダルの全面的支援のもと、Tirtha Bridal／ティルタ・ブライダルを発足
2011年	●日本市場にて"Bespoke Wedding"（オーダーメイドのウェディング）としてTirtha Luxe Wedding のサービスを本格的に開始
2013年	●Tirtha Luhur にてWater Wedding をリリース
2016年	●「アイランド・ヴィンテージ」をコンセプトに、8ベッドルームを備えたVilla by Tirtha／ヴィラ・バイ・ティルタをオープン。ウェディング・プロデュースを開始
	●「秘密の花園」をコンセプトに、グリーンハウスを有するガーデンウェディングの決定版、Glass House／グラスハウスを8月にグランドオープン（予定）
	●2階建てのガラスのダイニングパビリオンをはじめ、リフレッシュしたTirha Uluwatuを11月にリニューアルオープン（予定）

今や百花繚乱の
BALIウェディングの中で

　2年後の2005年、ゲストルームを備えたTirtha Luhurをオープン。こちらは1日1組限定で、家族や親しい友人との賑やかな時間がコンセプト。海風に優しく揺れる白いキャノピーでのセレモニー、サンセットにはよく冷えたシャンパン、笑って踊って夜更けまで大切な人々と過ごすゆったりとした時の流れがテーマでした。

　2016年。今やインドネシアのトレンド・セッターとなった帰国子女たち、世界中からやってくるお金持ちたち、著名なプランナーやフォトグラファー、デコレーターも加わり、BALIウェディングはまさに百花繚乱。

　アイランドで繰り広げられるそれぞれの物語に、ため息をついたりうれしくなったり。それでも床を掃き、ガラスを磨き上げ、草花に水をやり、芳しいフランジパニを束ねる…。非日常のステージは小さな日常、些細な作業の積み重ねです。南の島の太陽が降りそそぐ中、息づくBALIの色、海の匂いや草木の匂いを含む風、遠くに聞こえるガムランの響きを愛おしみ、誰かの「その日」のたったひとつの物語のため、日常を重ねる仲間がいる幸せを噛みしめています。

1.Villa by Tirthaにて、ガゼボのディナーセットアップ。キャンドルの灯火が瞬き始める日暮れ頃が美しい。2.セレモニー後にバルーンリリースのキューを待つウェディングパーティ。3.セレモニーで涙の止まらないStella、涙をそっと拭うAndreのまなざしが優しい。4.2015年にデビューしたグラスステージ。ここでのプロポーズに予約殺到。5.コチョウランでドレスアップしたナプキン。さりげないおもてなしがTirthaの象徴。6.BALIの色を閉じ込めて…。やりすぎない抜け感がおしゃれの極意と信じて。7.アイランドスタイルのヴィラ。ライトアップでヴィンテージ＆ラスティック感を

Special Thanks

この本の出版にあたり、容赦なく照りつける南の島の太陽の下、
「その日」のドラマを追いかけ、心に残るたくさんのシーンを残してくださった
才能と情熱にあふれるフォトグラファーの皆さんに感謝いたします。
素敵なドラマを共有する機会をくださったすべてのカップルとゲスト、
そして何よりもBALIの暑さと闘いつつ、いくつもの「その日」のため
日々全力を注ぐTirthaの大切な仲間に、心からのお礼を言わせてください。
Terima kasih banyak！本当にありがとうございます。

Appreciation to Agus Pande, Akihiro Sawabe (LA-VIE PHOTOGRAPHY),
Alwin Lim, Axioo, BEST BRIDAL Inc., Evermotion,
Hisa Nojima, Iluminen, Only Mono, Saburo,
Tadayoshi Hashimoto, Yaeko Simmonds,
All the guests who shared lots of their moments with us and all the teams at Tirtha.

是安 由香
Yuka Koreyasu

世界にひとつだけ。ドラマチック・ウェディングの叶え方

2016年6月29日　第1刷発行

構　成　　蓮見則子
デザイン　渡辺貴志

著　者　是安由香
編集人　関　薫
発行人　南方知英子

発行所　株式会社　集英社
〒101-8050　東京都千代田区一ツ橋2-5-10
編集部　☎03-3230-6289
読者係　☎03-3230-6080
販売部　☎03-3230-6393（書店専用）
印　刷　大日本印刷株式会社
製　本　共同製本株式会社

造本には十分注意しておりますが、乱丁・落丁（本のページ順序の間違いや抜け落ち）の場合はお取り替えいたします。
購入された書店名を明記して小社読者係あてにお送りください。送料は小社負担でお取り替えいたします。
ただし、古書店で購入したものについては、お取り替えできません。
本書の一部あるいは全部を無断で複写・複製することは、法律で認められた場合を除き、著作権の侵害となります。
また、業者など、読者本人以外による本書のデジタル化は、いかなる場合でも一切認められませんのでご注意ください。

©Shueisha 2016 Printed in Japan
ISBN978-4-08-333147-3 C5076